D1734693

# Jesusreden

Eschbach

Diese Diaserie ist folgenden Veröffentlichungen zugeordnet:

*Eschbacher Bibelheft 2: Jesusreden*
Gespräche, Anweisungen, Gleichnisse
ausgewählt und neu übertragen von Jörg Zink
32 Seiten mit Bildern von Paula Modersohn-Becker und Otto Pankok
(Bestell-Nr. 086)

*Eschbacher Handbild 2: Der barmherzige Samariter*
von Paula Modersohn-Becker, um 1907
Großformat 19 x 25 cm, Block mit 15 Bildern (Bestell-Nr. 898)
Das Motiv des Handbildes ist auch in dieser Diaserie enthalten (Bild 12).

Den Text zur Diaserie haben geschrieben: Gabriele Heidecker (S. 28–32),
Jürgen Schwarz (S. 14–22) und Jörg Zink (S. 6–13).
Einführung, Text S. 23–27 und Redaktion: Martin Schmeisser.

---

CIP-Titelaufnahme der Deutschen Bibliothek

*Jesusreden*
hrsg. von Martin Schmeisser und Jürgen Schwarz. –
Eschbach/Markgräflerland: Verlag am Eschbach, 1989
   (Dias zur Bibel; 2)
   12 Dias & Text
   ISBN 3-88671-937-5
NE: GT

---

© 1989 Verlag am Eschbach GmbH
Im Alten Rathaus, D-7849 Eschbach/Markgräflerland
Alle Rechte vorbehalten

Umschlaggestaltung: Reinhard Liedtke, Gelnhausen
unter Verwendung des Holzschnitts von Erich Heckel
„Der barmherzige Samariter" (1915)
Diakopien: Herrmann & Kraemer, Garmisch-Partenkirchen
Satz und Druck: B&K Offsetdruck GmbH, Ottersweier
Verarbeitung: Großbuchbinderei Josef Spinner, Ottersweier

# Einführung

Der maßgebende Denker der tschechischen Reformation, Jan Amos Comenius (1592-1670), warf kurz vor seinem Tode in einer kleinen Schrift mit dem Titel „Unum necessarium" die Frage nach dem Zentrum seiner Lehre und seines Lebens auf und beantwortete sie mit folgenden Sätzen: Das einzig Notwendige

„Wenn mich jemand nach meiner Theologie fragt, so will ich, wie es sterbend Thomas von Aquino tat (und ich muß bald sterben), die Bibel ergreifen und mit Herz und Mund sprechen: ‚Ich glaube, was in diesem Buch geschrieben steht.' Wenn man mich nach meinem Glaubensbekenntnis fragt, so will ich das Apostolische nennen, denn kein anderes ist so kurz, so einfach, so kernig, keines faßt das Entscheidende so treffend zusammen und schneidet alle Streitfragen und Streitigkeiten so kurz ab. Wenn man mich nach meiner Gebetsformel fragt, so will ich das Vaterunser, das Gebet des Herrn nennen, denn das Gebet des eingeborenen Sohnes, der aus des Vaters Schoß gekommen ist, ist der beste Schlüssel, das Herz des Vaters zu erschließen. Wenn man die Richtschnur meines Lebens wissen will: die zehn Gebote sollen es sein: Was Gott gefällig ist, kann niemand besser ausdrücken als Gott selbst ..."

Mit diesem Bekenntnis des Comenius leitet Jan Milič Lochman seine Vaterunser-Auslegung ein: „Es ist heute noch – und vielleicht gerade heute – aktuell. Wir leben in einer Zeit, in welcher christlich-jüdisches Bewußtsein spürbar erschüttert ist. Elementare biblische Kenntnisse schwinden ... Dieser Situation muß sich unsere Theologie heute stellen. Sie wird dadurch provoziert – wohlverstanden: nicht zum Klagen, sondern zu Versuchen, das christliche Erbe in seiner Substanz zu vergegenwärtigen und es angesichts der Herausforderungen der Zeit zu verantworten, und zwar ... vom wesentlichen Zentrum her. Um dieses Zentrum geht es ohne Zweifel in den drei klassischen Texten. Über das Substantiell-Inhaltliche hinaus sind sie auch in ihren ‚formalen' Eigenschaften wegweisend: in ihrer einprägsamen Kürze sind sie ... noch relativ präsent; in ihrem Jan Milič Lochman, Unser Vater – Auslegung des Vaterunsers, Gütersloh 1988, S. 7f.

3

Grundcharakter sind sie ausgesprochen zukunftsorientiert, binden unsere Aufmerksamkeit keineswegs ans Vergangene; und sie sind unvergleichbar ökumenisch."

Inhaltsübersicht und Arbeitshinweise

Den Mittelpunkt dieser Diaserie bildet einer der drei Grundtexte: das „Vaterunser", von Tertullian bezeichnet als „Breviarum totius evangelii" (Auszug oder Kurzformel des gesamten Evangeliums). – Wenngleich ein Auszug besonders gut zur Geltung kommt in dem Rahmen, dem er entstammt, raten wir an, die im Folgenden angebotenen Dia-Texte anzureichern durch Texte aus dem Eschbacher Bibelheft „Jesusreden" (s. S. 2), in dem Jörg Zink Texte des Neuen Testaments in eigener, neuer Übertragung und Zuordnung vorlegt.

So sollt ihr beten (Bild 1–9/ S. 6–22)

Zum „Vaterunser" bieten wir Ihnen zwei Textvarianten an:
a) Einen Text von Jörg Zink, mit einer kurzen Reflexion und einem Gebet zu jeder Bitte (S. 6–13; der Text ist ein bearbeiteter Auszug aus einer Bildbetrachtung in Bd. 21 der DiaBücherei Christliche Kunst, S. 119ff.).
b) Eine Bildmeditation von Jürgen Schwarz zu 9 Fotos (S. 14–22).
Die Bilder und Texte zum Vaterunser können u.a. folgendermaßen zusammen verwendet werden:
1. Bild 1–9 mit dem Text S. 14ff. (Jürgen Schwarz) als Bildmeditation. Es ist vorstellbar, daß der Originaltext des „Vaterunsers" Mt 6,9–15 (evtl. eingeleitet durch Mt 6,5–8) bzw. Lk 11,2–4 vorab oder im Anschluß an den Meditationstext gelesen wird; dazu sollte Bild 9 eingeblendet werden. Der Meditationstext kann in mehrere Sequenzen aufgeteilt werden, um anschließend Raum zum Gespräch zu lassen.
2. Bild 1–9 mit dem Text von Jürgen Schwarz (S. 14ff.) und den Reflexionen von Jörg Zink (S. 6ff., jeweils vorangestellt).
3. Bild 1–9 mit dem Text von Jörg Zink (S. 6ff.).
4. Am besten wäre es freilich, wenn Sie, angeregt durch diese Texte, nunmehr einen eigenen Vaterunser-Text zu den Bildern entwerfen und mit der Gemeinde oder Gruppe meditieren. Beide Texte – der von Jörg Zink wie der von Jür-

gen Schwarz – wollen zu eigenen Formulierungen, zum Neu- und/oder Weiterschreiben einladen. Wenn Sie die gedruckten Texte verwenden, sollten Sie beim Vortrag durch langsames Sprechen und Pausen sich und den Zuhörern Schau-Raum lassen für eigene Empfindungen. Hin und wieder ist es nützlich, eine Formulierung zu wiederholen.

Bei den Bildern 10–12 handelt es sich um drei Variationen zum Gleichnis vom barmherzigen Samariter (Lk 10,25–37). Die Bilder können im Vergleich betrachtet oder einzeln eingesetzt werden. Das Bild von Paula Modersohn-Becker (Nr. 12) kann darüber hinaus im Zusammenhang mit dem S. 2 genannten Eschbacher Handbild innerhalb einer Betrachtung eingesetzt werden, bei der die Teilnehmer zuvor oder nachher die Handbilder in gedruckter Form zur Verfügung haben.

Wer ist mein Nächster? (Bild 10–12/ S. 23–32)

Kurt Aland (Hrsg.), Luther Deutsch. Die Werke Martin Luthers in neuer Auswahl für die Gegenwart, Bd. 5, Stuttgart 1963, S. 204–273 (Deutsche Auslegung des Vaterunsers für die einfältigen Laien); Bd. 6, Stuttgart 1966, S. 138 ff. (Der kleine Katechismus, 1529), bes. S. 147–150; Bd. 6, S. 205 ff. (Eine einfältige Weise zu beten, für einen guten Freund.)

Karl Barth, Das Vaterunser, Zürich 1965; teilweise auch enthalten in: Richard Grunow (Hrsg.), Barth Brevier, Zürich, 2. Aufl. 1979, S. 102–124.

Sigrid und Horst Klaus Berg (Hrsg.), Bergpredigt (Biblische Texte verfremdet Band 8), München/Stuttgart 1988, S. 64–77.

Alfred Delp, Vater unser, in: Im Angesicht des Todes. Geschrieben zwischen Verhaftung und Hinrichtung 1944–1945, Frankfurt a.M., 5. Aufl. 1956, S. 147–166.

Gerhard Ebeling, Vom Gebet. Predigten über das Unser-Vater, Tübingen 1963.

Gerhard Friedrich (Hrsg.), Texte zum Neuen Testament (NTD, Textreihe), Bd. 3: Auslegungen der Reformatoren, Göttingen 1984, S. 45–56 (Auslegungen zum Vaterunser von Luther, Zwingli und Calvin).

Horst Goldstein (Hrsg.), Tage zwischen Tod und Auferstehung. Geistliches Jahrbuch aus Lateinamerika, Düsseldorf 1984, S. 204 ff., 243 ff. (Vaterunser aus Nicaragua), 285 f.

Katechetische Blätter 8/87, S. 580–631 (Vaterunser: Exegetische Zugänge/ Meditative Erschließungen/Unterrichtsentwürfe).

Jan Milič Lochman, Unser Vater. Auslegung des Vaterunsers, Gütersloh 1988 (eine von ökumenischer Weite geprägte Auslegung, die biblische Bezüge und die Aneignung des Textes in der christlichen Tradition bis hin zur Gegenwart herausarbeitet und den Sinngehalt des Vaterunsers neu vergegenwärtigt; vgl. ebd. S. 148: Literatur).

Jörg Zink, Gespräche mit dem dunklen Gott. Das Vaterunser ausgelegt nach Bildern des Stuttgarter Psalters (um 820), Eschbach/Markgräflerland, 2. Aufl. 1988.

Literaturhinweise zum Vaterunser

Jörg Zink,
Gedanken und
Gebete zum
Vaterunser
(siehe auch
S. 4f.)

Vater unser
im Himmel

## So sollt ihr beten

Unser Vater! sagt Jesus, wenn er von Gott redet oder zu Gott spricht. Vor seinen Augen steht das Bild eines Hausvaters seiner Zeit, der den Raum, den die Seinen zum Leben brauchen, schafft und schützt. Wenn wir „Vater" sagen, so klingt das strenger, als es bei Jesus geklungen hat. Väterchen sagt der Russe, und in Abba, wie Jesus sagte, klingt eine Welt von Zärtlichkeit mit. Lieber Vater, sagt Luther. All dies schwingt mit.

Und wenn Frauen heute sagen: Du unser Vater, du unsere Mutter, so treffen sie, was Jesus meint, sehr genau. Denn Gott ist weder Mann noch Frau. Nur unsere Bilder, von unserer Erde genommen, können deuten, was er ist: der heilige, der liebende Gott.

So ist das Dasein eingefaßt in einen verläßlichen, bergenden Rahmen, aus dem wir nicht hinausfallen, auch nicht in unserer Zeit, in der wir fürchten, wir könnten am Ende hinausstürzen in eine ungeheure Leere.

Danke dir, du Gott der Güte,
daß diese Welt dein Haus ist.
Es läge zu viel in unserer eigenen Hand,
wären wir allein.
Zu unermeßlich wäre der Raum, in dem wir leben.
Zu ziellos unser Weg, wäre die Welt nicht dein Haus.
Wir legen Angst und Vorwurf ab und sprechen zu dir:
Unser Vater, der du über uns bist wie der Himmel,
unter uns wie die Erde,
um uns her wie Luft und Licht.
Du bist bei uns. Wir danken dir.

Geheiligt
werde dein
Name

Dein Name werde geheiligt, sagt Jesus, und wir sagen es mit ihm. „Der Name ‚Gott' ist das beladenste aller Menschenworte. Keines ist so besudelt, so zerfetzt worden. Aber gerade darum kann ich nicht darauf verzichten. Die Geschlechter der Menschen haben die Last ihres geängsteten Lebens auf dieses Wort gewälzt und es zu Boden

gedrückt. Es liegt im Staub und trägt ihrer aller Last."
(Martin Buber)
Geheiligt werde der Name „Gott". Geheiligt werde der
Name „Vater" und der Name „Mutter".

Vater, bewahre du selbst deinen Namen,
den wir aussprechen: Vater du und Mutter zugleich.
Bewahre ihn vor Gleichgültigkeit und Vergeßlichkeit.
Wir wissen zwar, daß du da bist, daß du so nahe bist
wie die Menschen und die Dinge um uns her.
Aber wir leben doch, als wüßten wir es nicht.
Wir leben viele Tage,
als sei dein Name nichts weiter als ein Wort.
Die Luft ist spürbarer als du.
Die Farben und Dinge sind sichtbarer.
Die lauten Töne unserer eigenen Worte sind hörbarer.
Schütze du selbst deinen Namen,
wir können es nicht allein.

**D**ein Reich komme, sagt Jesus, und wir sagen es mit ihm. Dein Reich, das ist das Maß des Rechts und des Unrechts. Wo das Reich ist, sind die Dinge dieser Welt an ihrem richtigen Ort, da hat unser Dasein seine Ordnung, seine Lebendigkeit, seine Schönheit und seinen Sinn. Wenn das Reich kommt, schauen wir ihn, in dem wir sind, in dem wir sein werden, in der Fülle seiner Gegenwart. Aber wie kommt das Reich? Kommt es durch unsere Mühe, unser Opfer, unsere Hoffnung? Tragen wir etwas bei? Sind wir es, die es schaffen?

Dein Reich komme

Jesus erzählt ein Gleichnis: „Es hatte jemand einen Feigenbaum, der war in seinem Weinberg gepflanzt, und er kam und suchte Frucht daran und fand keine. Da sagte er zu dem Weingärtner: Siehe, ich komme nun schon drei Jahre und suche Frucht an diesem Feigenbaum, und finde keine. So hau ihn ab! Was nimmt er dem Boden die Kraft? Er aber antwortete ihm: Herr, laß ihn dieses Jahr noch stehen; ich will um ihn her die Erde umgraben und düngen; vielleicht bringt er dann doch Frucht; wenn aber nicht, kannst du ihn abhauen!" (Lk 13,6–9)

Es ist nicht schwer, angesichts der heutigen Lage der Menschheit das Gleichnis vom Feigenbaum neu zu sehen. Die Frist ist kurz, und drei Tode stehen der Menschheit bevor: die Vernichtung der Schöpfung, die Hungerkatastrophe, der atomare Krieg. Die Zeit ist kurz, in der noch etwas wie Umkehr geschehen kann. Und manchmal fällt es schwer, sich allzu sicher darauf zu verlassen, Gott werde mit dieser Menschheit noch einmal Geduld haben. Sind wir es, die das Reich bauen? Die Zuversicht, mit der frühere Generationen das Reich bauten, ist uns gründlich vergangen. Wir können nur noch bitten: Herr, laß uns noch dies Jahr! Und wenn das Ende kommt, dann, wir bitten dich, dann komme dein Reich!

> Wir danken dir, heiliger Gott,
> daß dein Reich kommt,
> daß die Gewalt ein Ende hat,
> die Entwürdigung der Menschen
> und die Unterdrückung der Völker.
> Daß am Ende der Zeit alle Mächte dir dienen
> und dich preisen werden.
> Richte dein Reich auf.
> Wir wissen von keinem Frieden
> für uns und für alle Wesen dieser Welt
> als in deinem Reich.

**Dein Wille geschehe, wie im Himmel so auf Erden**

**D**ein Wille geschehe, hören wir Jesus sagen und sprechen es ihm nach. Denn der Wille Gottes geschieht überall, wo Gott ist. Und Gott ist, wo immer wir unseren Fuß hinsetzen. Überall in der Welt ist alles voll seines Willens. Und wohin wir immer über unsere Welt hinausdenken wollen, in Dimensionen, die uns verborgen sind, geschieht sein Wille.

Wir brauchen nicht zu bitten. Er geschieht. Die einzige Stelle, an der die Gefahr aufkommt, daß sein Wille nicht geschieht, ist der Ort, an dem ich, der Mensch, ihm meinen Willen entgegensetze. Wohin meine Hände reichen, wohin meine Gedanken dringen, wohin mein Wille drängt, ist die Gefahr, daß sein Wille nicht geschieht.

Und wo ich bin, steht alles auf des Messers Schneide.

Heil wird Unheil, wenn ich meinen Willen durchsetze. Unheil wird Heil, wenn ich mich Gottes Willen öffne. Es gibt ein Leid, auf dem Fluch lastet: wenn meine Hand es zufügt oder wenn es mir gesandt wird und ich mich dagegen auflehne. Es gibt auch ein Leid, auf dem Sinn und Segen ruhen: ein Leid, durch das der Wille Gottes an mir geschieht. Darum sage ich auch gegen mich selbst: Dein Wille geschehe.

Ich will, so sage ich, daß Gottes Wille geschieht. Ich möchte mein Leben dafür einsetzen, daß Menschen einander lieben, trösten und beschützen. Ich gebe meinen Willen und bitte: Mache mein Herz zu einem Werkzeug deines Willens.

Ich fürchte mich aber auch davor, daß der Wille Gottes geschieht. Denn in ihm hat alles Raum, auch Krankheit, Elend, Vereinsamung, Schmerz, Qual, qualvolles Sterben. Ich werde nur dann, wenn ein anderer Wille in mir Raum greift als der meine, auf die Dauer sagen können: Dein Wille geschehe. Ich brauche selbst einen veränderten Willen, der dem Willen Gottes ähnlich ist. Ich sage: Hilf mir, daß ich bitten kann: Dein Wille geschehe, und mich freuen, wenn er geschieht, auch gegen meine Wünsche.

Wo sollte denn Erfüllung liegen
und Sinn in meinem Leben,
wenn er nicht in deinem Willen liegt
und durch deinen Willen sich vollendet?
Ich bitte dich: Gib, daß dein Wille geschieht.
Nicht nur im Himmel, sondern auch auf Erden.
Nicht nur allgemein in der Welt,
sondern auch bei mir und durch mich.

**U**nser tägliches Brot gib uns heute! Wenn wir sagen: unser tägliches Brot, dann meinen wir alles, was wir zum Leben brauchen. Essen können, statt zu hungern, ist Leben. Trinken können, statt zu dürsten, es warm haben, statt zu frieren. Schutz finden in einem Haus, arbeiten können und seine Kraft einsetzen, all das ist Brot zum Leben. Einen Menschen haben, mit dem man vertraut ist. Sich nicht ängstigen müssen vor Einsamkeit, Haß, Krieg. Sich nicht ängstigen müssen um Kinder, Eltern, Freunde. All das ist Brot, tägliches Brot zum Leben. Gabe Gottes, für die wir täglich danken.

(Vgl. Luthers „Kleiner Katechismus", 1529: „Was heißt denn tägliches Brot? – Alles was zur Leibes Nahrung und Notdurft gehört, als wie Essen, Trinken, Kleider, Schuh, Haus, Hof, Acker, Vieh, Geld, Gut, fromm Gemahl, fromme Kinder, fromm Gesinde, fromme und treue Oberherren, gut Regiment, gut Wetter, Friede, Gesundheit, Zucht, Ehre, gute Freunde, getreue Nachbarn und desgleichen.")

Tägliches Brot – das ist auch das tägliche Wort, das ein Mensch zu uns spricht. Wort, in dem Vertrauen liegt oder Weisung, Klarheit, Freundlichkeit. Es ist kein Leben möglich, wo wir nicht miteinander sprechen. Das Wort ist Brot. Unendlich viele Menschen hungern nach dem täglichen Wort, auch dort, wo wir es sind, die es ihnen schulden. Das ist gemeint:

Unser tägliches Brot, Vater im Himmel, gib allen.
Denen, die dich kennen,
und denen, die dich nicht brauchen.
Denen, die Gerechtigkeit wollen,
und denen, die ihr Recht suchen.

**Und vergib uns unsere Schuld wie auch wir vergeben unsern Schuldigern**

Wir hören Jesus bitten: Vater, vergib uns unsere Schuld, wie auch wir denen vergeben, die an uns schuldig geworden sind. Wie selbstverständlich sprechen wir diese Bitte nach und merken, wie gefährlich es ist, so zu sprechen. Wir sprechen uns selbst das Urteil und meinen, wir hätten doch nur etwas Frommes gesagt.

Eigentlich müßten wir sagen: Nein, Vater, das kann und darf nicht das Maß sein. Vergib uns unsere Schuld, auch wenn wir tausendfach unfähig sind, zu vergeben.

Wir vergeben einander kaum einmal. Wir rechnen einander vor: Das hast du getan. Wir machen einander das Leben zur Hölle. Wir klagen einander an, wir mißachten einander. Wir bleiben einander das Vertrauen schuldig, das du in uns gesetzt hast. Wir trennen uns voneinander und nehmen einander Glück und Geborgenheit. Vergib uns unsere Schuld!

Du hast uns verboten, zu richten. Wir aber verbringen unsere Tage mit Urteilen und Verurteilen, mit Strafen und Nachtragen, obwohl wir das Wort kennen, das seit dem Tag von Golgatha in der Welt steht: „Vater, vergib ihnen; denn sie wissen nicht was sie tun!" (Lk 23,34)

Vater, ich will vergeben.
Hilf mir, das nicht zum Schein zu tun.
Nicht so, daß ich großmütig auf Rache verzichte.
Nicht so, daß ich mattherzig vergesse.
Nicht so, daß ich meine Güte damit beweise.
Sondern so, daß ich zum anderen hingehe,
dorthin, wo er steht, jenseits seiner Schuld.
Ich will den ersten Schritt tun,
wehrlos und ohne Vorwurf,
und keine Bitterkeit soll bleiben.
Vater, dein Reich wollen wir abbilden
in unserem kleinen Lebenskreis:
Wir wollen dein Haus gemeinsam bewohnen
und bitten dich um deinen Frieden.

**W**ir hören Jesus sagen: Führe uns nicht in Versuchung. Er meint nicht die kleinen Versuchungen, die unser Herz gefangennehmen und uns die Sinne verwirren, sondern die eine große Versuchung, daß wir an Gott selbst irre werden und sagen:

Und führe uns nicht in Versuchung

So viel, Vater im Himmel,
geschieht ohne sichtbaren Sinn.
Bewahre uns davor, zu sagen:
Es ist kein Sinn, kein Ziel. Es ist niemand,
der einen Plan hat. Niemand, der führt.
Das ist die Versuchung, die wir fürchten.
Es ist so viel Lüge in der Welt.
Bewahre uns davor, zu sagen:
Die Lüge ist stärker. Es gibt keine Wahrheit.
So viel Leid geschieht, so viel Unheil.

11

Bewahre uns davor, zu sagen:
Es ist kein Herz, das mitfühlt.
Es ist kein Gott, der wahrnimmt, was gelitten wird.
So viel Gewalt tobt sich aus, so viel Bosheit.
Bewahre uns davor, zu sagen:
Das Böse hat die Macht, die Gewalt hat recht.
Bewahre uns davor, an dir irre zu werden.
Führe uns nicht in die Versuchung,
an deiner Nähe zu zweifeln,
an deiner Macht und Herrschaft.
Führe uns nicht in die Versuchung,
die Lüge für mächtiger zu halten als dich,
das Unrecht für stärker als deine Gerechtigkeit.
Führe uns nicht in die Gefahr, dich loszulassen
und auf unsere eigene Kraft zu bauen.
Denn nichts ist so wirklich wie du.

Sondern erlöse
uns von dem
Bösen **W**ir sagen wie Jesus: Erlöse uns von „dem" Bösen. Meinen
wir *das* Böse? Meinen wir *den* Bösen? Meinen wir den
Bösen, der Kern und Hintergrund alles Bösen ist? Was
immer wir meinen, wir bitten um Erlösung.

Erlöse uns von dem Bösen, sagen wir, und wissen,
daß wir gefangen sind, gebunden wie mit Ketten.
Verkrümmt und verbogen an Geist und Seele.
Wir möchten glauben
und leben doch, als glaubten wir nicht.
Wir möchten lieben
und leben doch fast nur für uns selbst.
Wir möchten der Wahrheit dienen,
und beugen uns tausendmal der Lüge.
Wir möchten dir dienen und glauben dir doch nicht,
daß du wirklich der Herr bist.
Vater, mach uns frei.
Befreie uns von jener dunklen Macht,
die wir den Teufel nennen, den Versucher, den Satan.
Befreie uns vor allem von uns selbst,
damit wir dich preisen, aufrecht und frei,
wie du, unser Vater, uns gemeint hast.

**D**as Vaterunser schließt mit einem Lobpreis: Dein ist das Reich. Dein ist die Kraft. Dein ist die Herrlichkeit. In Ewigkeit.

Hier geht es nicht mehr um das, was wir wünschen: daß Gottes Name geheiligt werde, sein Reich komme, sein Wille geschehe. Es geht auch nicht mehr um die Bitten, von denen unser Menschenleben abhängt, den Bitten um das Brot und die Vergebung, um Bewahrung und Erlösung, sondern um Gott selbst. Um den Gott, der unabhängig ist von uns und von unseren Vorstellungen, wie er sei. Hier vollendet sich alles zu einem großen Symbol.

Wenn die Bildhauer des Mittelalters Vollkommenheit, Ewigkeit und die Heiligkeit Gottes zeigen wollten, gestalteten sie ihre großen Rosetten über den Westportalen. Die großen, runden Fenster.

So umfassend, sagten sie, wie der Ring, der dieses Fenster einschließt, ist dein Reich. So mächtig wie die Strahlen, die aus der Mitte ausbrechen und erst an dem großen Ring enden, ist deine Kraft. So vollendet wie die Schönheit der Blütenblätter, die daraus entstehen, ist deine Herrlichkeit. Und wie der Ring ewig in sich selbst kreist, bist du ewig in deinem Reich, in deiner Kraft und deiner Herrlichkeit. Und wenn wir Amen sagen, meinen wir: So ist es. So wird es sein. So werden wir es schauen, wenn wir dir begegnen werden.

> Denn dein ist das Reich und die Kraft und die Herrlichkeit in Ewigkeit. Amen

Dein ist das Reich, sagen wir,
das Reich, in das wir eingehen werden,
um auf ewig deine freien Kinder zu sein.
Dein ist die Kraft,
die allen Mächten ein Ende setzt.
Dein ist die Herrlichkeit, der Lichtglanz,
die Schönheit des Lichts,
in der wir dich schauen werden in Ewigkeit.
Alles, was ist, Herr und Gott, hast du geschaffen.
Alles erzählt von deinen Gedanken, liebender Gott.
Alles rühmt deine Weisheit, mächtiger Gott.
In allem erfüllt sich dein Plan, heiliger Gott.
In allem schaue ich das Zeichen deiner Herrlichkeit.

Jürgen Schwarz,
Bildmeditation
zum Vaterunser
(siehe auch
S. 4f.)

Gebete gehören in der Regel nicht in den Hörbereich des Mitmenschen. Ihnen ist das Kämmerlein zugewiesen.

Das „Vaterunser" gehört in die Öffentlichkeit und gehört der Öffentlichkeit. Es stellt dar einen zu selten sichtbaren und handelnden Glauben.

Das „Vaterunser" ist ein Wir-Gebet. Wir beten es nicht allein für uns. Wir beten es füreinander, wir beten es einander zu. Wir vereinigen uns in ihm zu einem großen Anruf an Gott. Zu dem Gott, der in diesem Gebet selbst als der Angefochtene erscheint, als der, der uns in Versuchung zu führen vermag. Und Gott vereinigt sich im „Vaterunser" mit uns. Er betet mit uns und wird so angreifbar.

So sehr das „Vaterunser" ein Wir-Gebet ist, so sehr spricht hier ein Du. Wir sind nicht befreit, abstrakt zu reden. Im Bitten sollen wir klar werden – und soll uns klar werden –, sollen wir offen werden und uns veröffentlichen in den Geheimnissen unserer Seele.

Wir betrachten die folgenden Bilder und können dann mit dem „Vaterunser" und in seinem Sinne beten:

Vater unser
im Himmel

**Bild 1**
… den dein Bogen umspannt · Foto Jörg Zink

Weil wir zerstritten sind,
weil wir handeln, als gäbe es nur uns,
weil wir uns nicht frei machen können
von einem Lebensstil, der Leben behindert,

14

darum beten wir:
*Vater unser*
im Großen und Kleinen,
hoch oben, tief unten,
gepriesen in Worten,
beschwiegen in Nächten,
*Vater unser,* Mutter unser,
im Himmel, auf Erden,
geliebt und gehaßt,
erbaut und zerstört,
der Ort,
den dein Bogen umspannt.

Geheiligt
werde dein
Name

**Bild 2**
… im wogenden
Korn

Foto Jörg Zink

**W**eil wir in einer Welt leben,
in der alles machbar wird,
weil das, was uns Macht verleiht,
immer wieder zur Herrschaft über Menschen führt,
weil uns von dieser Bemächtigung nur noch helfen kann,
was über unsere Erdenkräfte hinausgeht,
darum bitten wir:

15

*Geheiligt werde dein Name*
im wachsenden Gras
und im duftenden Haar,
im wogenden Korn
und bei karger Kost,
am lichten Tag
und bei finsterer Nacht,
im Kampf für Gerechtigkeit
und Frieden wie Freiheit,
den Worten, so alt,
doch flehentlich erbeten,
den Worten,
die zum Leben
wir dringend benötigen.

Dein Reich
komme

**Bild 3**
… als leuchtenden
Blickfang

Foto Jörg Zink

**W**eil wir unseren Schwächen Tag um Tag begegnen,
weil wir in uns gefangen sind
und es in uns wüst und leer aussieht,
weil wir oft bedrückt und bitter sind
und dem Leben nicht offen begegnen können,
darum bitten wir:

*Dein Reich komme,*
dein Heute und Morgen
wie Gestern und Vorgestern,
in die Gefängnisse der Menschen,
in Leib und in Seele,
zu öffnen die Fesseln
der Bitterkeit, des Hasses
und aller Bedrücktheit,
die Menschen behindert,
ihr Leben zu leben,
wie du es gern siehst:
als leuchtenden Blickfang
in den Verlusten der Zeit.

Dein Wille
geschehe,
wie im Himmel
so auf Erden

**Bild 4**
… im Netzwerk
der Spinne

Foto Jörg Zink

**W**eil wir verstrickt sind im Kleinlichen des Alltags,
weil wir dem Großartigen und Gewaltigen erliegen,
weil wir dabei das Kleine und die Kleinen übersehen,
darum bitten wir:
*Dein Wille geschehe*
im Netzwerk der Spinne,

17

beim Anbruch des Morgens,
behutsam und zärtlich,
wenn's sein muß auch streng,
bis zum Anbruch der Nacht.
Dein Wille geschehe
vor allem auch heute
durch dich und durch uns,
im Himmel, auf Erden,
dem Ort deiner Arbeit,
dem Werk deiner Hände,
die wohltun und streicheln,
die helfen,
wo Hilfe uns not.

Unser tägliches
Brot gib uns
heute

**Bild 5**
… vom Acker der Schöpfung · Foto Ulrike Schneiders

**W**eil wir uns anpassen und nicht mehr wach sind,
weil wir ausgehungert sind und so leer, daß wir unser Brot
nicht mehr teilen,
weil wir aufhören wollen mit der Wüste, die wir unseren
Kindern bereitet haben,
darum bitten wir:
*Unser tägliches Brot gib uns heute*
vom Acker der Schöpfung,
vor allem dem andern,

18

dem alles, was Brot ist,
zum Leben noch fehlt.
Und laß unsere Hand sein
ein Messer, das teilt
den Laib des Brotes
mit dem, der nichts hat.

Und vergib uns
unsere Schuld
wie auch wir
vergeben
unsern
Schuldigern

**Bild 6**
... des Verrats an
der Schöpfung

Foto Jörg Zink

**W**eil wir in einem Volk leben mit blutiger Vergangenheit,
weil wir vernetzt sind
mit dieser Vergangenheit und ihrer Gegenwart in Konzernen,
die den Krieg nicht lassen können,
weil wir an uns erleben, daß wir dem Wehrlosen und Armen
in unserem Sozialstaat persönlich nicht mehr helfen,
darum bitten wir:
*Und vergib uns unsere Schuld*
des Verrats an der Schöpfung,
an wehrlosen Kindern, an einsamen Alten,
des Vergessens der Armen,
des Verstoßens der Fremden,
des Mords deiner Kinder

19

bei uns und in Auschwitz.
*Wie auch wir vergeben unsern Schuldigern,*
was uns, weiß Gott,
ziemlich schwerfällt,
wenn du uns nicht aufhilfst.

Und führe uns
nicht in
Versuchung

**Bild 7**
... die Mauer zu ziehen · Foto Jörg Zink

**W**eil es uns eigen ist, über die Vergangenheit
der Menschenschwester und des Menschenbruders
zu urteilen,
weil wir trotz dieses Scharfsinns so oft uns selbst verfehlen
und die angelernte Rolle als Mann oder Frau spielen,
wie die Gesellschaft es verlangt,
weil unser Bemühen um Frieden
dadurch immer wieder unterlaufen wird,
darum bitten wir:
*Und führe uns nicht in Versuchung,*
dem andern die Ehre zu nehmen,
in Wort und in Tat,
die Frau ihm zu stehlen
oder den Mann,
den Stein zu erheben,
die Mauer zu ziehen
und Frieden zu mindern im Land.

Sondern erlöse
uns von dem
Bösen

**Bild 8**
… was uns blendet
und lockt

Foto Jörg Zink

Weil wir den Schmerz kennen,
wenn wir den Kopf in den Sand stecken,
weil wir uns gerne blenden und locken lassen
vom Luxus des Lebens,
weil wir die Sehnsucht nach deinem Reich
auf der Reise nach innen so gerne verlieren,
darum bitten wir:
*Sondern erlöse uns von dem Bösen,*
was immer das sein mag
daheim, in der Ferne,
in Wissenschaft und Künsten
der Menschen,
was uns blendet und lockt
und verführt,
zu verwerfen die Sehnsucht
nach dem Reich
deines Friedens.

Denn dein
ist das Reich
und die Kraft
und die
Herrlichkeit
in Ewigkeit.
Amen

**Bild 9**
... die Herrlichkeit
in aller Schwachheit

Foto Joachim Reinhard

**W**eil wir ermutigt werden möchten,
weil wir alleine nicht glauben können,
weil uns so oft die Fantasie ausgeht,
darum beten wir:
*Denn dein ist das Reich*
von gestern auf heute,
von heute auf morgen,
von Land zu Land, das da
kommen soll und schon da ist.
*Und die Kraft,*
die die Mauern der Trennung
schon jetzt überwindet,
die Tränen abwischt
und der Hoffnung gestattet,
dem Leben ein Ja zu sagen.
*Und die Herrlichkeit*
in aller Schwachheit und Fantasielosigkeit
von Generation zu Generation,
von Äon zu Äon,
*in Ewigkeit. Amen.*

# Wer ist mein Nächster?

jesus
zeig mir den nächsten
wie fern er mir ist
ich sehe nur
meine gedanken über ihn
wenn er spricht
höre ich nur
meine worte
allzuschnell nicke ich
schlag ihm auf die schulter
und sage freund

Ernst Eggimann,
Jesus-Texte,
Zürich 1972,
S. 31

gib ihn mir
wie er ist
er gehört zu mir
näher als ich weiss
lehre mich weinen
deinen blick aushalten

Ernst Eggimann

Wenige Gleichnisgeschichten, die Jesus erzählt hat, sind so bekannt wie die von dem Samariter, der sich um den Wanderer annahm, der unter die Räuber gefallen war. Der Text Lukas 10,25–37 hat auch Künstler aller Epochen inspiriert. In der neueren Kunst wurde das Thema mehrfach aufgegriffen: z. B. behandelte es Vincent van Gogh 1890 in einem Ölbild (vgl. die Interpretation von Gerhard Boos, in: Friedemann Fichtl (Hrsg.), Bilder zum Kirchenjahr, Serie 8, Freiburg i.Br./Zürich und Köln/Berlin – Gelnhausen-Stein, 1979, Bild 6/S. 28 ff.). 1915 schuf Erich Heckel eine dreiteilige Holzschnittfolge, die im Zusammenhang mit seinem Einsatz als Sanitäter im Ersten Weltkrieg zu sehen und interpretieren ist (das Titelbild dieser Diaserie ist die dritte Szene der Folge).

Bilder zum Gleichnis vom barmherzigen Samariter (siehe auch S. 5)

Für diese Diaserie haben wir drei Darstellungen zum Sa-mariter-Gleichnis von Max Liebermann, Otto Pankok und Paula Modersohn-Becker ausgewählt, die zwischen 1907 und 1933/34 entstanden sind. Sie fordern aus unterschiedli-chen Blickwinkeln die Auseinandersetzung mit der Frage „Wer ist mein Nächster?" heraus.

Max
Liebermann
(Bild 10)

**M**ax Liebermann, geb. 1847 in Berlin, entstammte einer angesehenen jüdischen Fabrikantenfamilie. Seit der Wende vom 19. zum 20. Jahrhundert galt er als der repräsentativste Maler in Deutschland. Die Anfänge seiner Malerei sind vom Naturalismus geprägt. Im Laufe seines langen Lebens entwickelte sie sich zu immer leuchtenderer Farbigkeit ei-nes spezifisch deutschen Impressionismus. Die Nationalso-zialisten verfemten den Juden Liebermann. Er starb 1935 in Berlin.

**Bild 10**
Max Liebermann: Der barmherzige Samariter, 1911
Öl auf Leinwand: 112 x 93 cm
Wallraf-Richartz-Museum, Köln (Foto Museum)

Das Bild „Der barmherzige Samariter" war in der Aus-stellung „Bilder sind nicht verboten" zu sehen, die anläß-lich des 87. Deutschen Katholikentages 1982 in Düsseldorf der „Vertiefung des Dialogs zwischen Christen und Juden" dienen sollte. Angelika Schyma beschreibt im Ausstellungs-katalog (S. 251) das Bild:

Angelika Schyma, Bild-beschreibung

„Das Motiv soll auf ein persönliches Erlebnis Lieber-manns, als er nach schwerer Krankheit im Jahr 1910 von Krankenpflegern ins Bad gehoben wurde, zurückgehen. Im Vordergrund des Bildes liegt unbekleidet der Überfal-lene mit einer Binde um die Augen. Ein Mann greift ihm von hinten links unter die Arme und ist im Begriff, ihn auf-zurichten. Zu seinen Füßen kniet eine Frau und bemüht sich um den Verletzten. Hinter dieser Szene grast das Pferd des Samariters. Weiter rechts im Hintergrund geht – unbe-rührt von dem Geschehen – ein Mann mit einem Hund vor-bei. Das Gleichnis ist in eine Heide- und Waldlandschaft eingebettet. Der helle sandfarbene Boden hebt sich deut-lich von dem im Hintergrund sich graublau verdichtenden Wald ab. Das Gemälde macht einen eher skizzenhaft un-vollendeten Eindruck.

Überraschend ist die Figur der Frau, so daß die Gruppe im Vordergrund typologisch mehr an eine Beweinung Chri-sti erinnert. Das Thema wurde von Liebermann weiter ge-faßt und die Barmherzigkeit losgelöst vom Bibeltext (Lk 10, 30–35) dargestellt. Der Spaziergänger im Hintergrund weist einerseits auf den Bibeltext zurück, erhält aber ande-rerseits durch den mitgeführten Hund anekdotischen Cha-rakter und gleichzeitig einen aktuellen Bezug zur Gegen-wart. Das Geschehen ist nicht in eine historische Szenerie eingebunden, so daß die Thematisierung des Mitleids und der Barmherzigkeit im Vordergrund stehen.

**O**tto Pankok, geb. 1893 in Saarn bei Mülheim/Ruhr, war nach dem Kunststudium in Düsseldorf und Weimar 1915/16 Soldat in Nordfrankreich, wo er verschüttet und verwundet wurde. Er arbeitete 1931–33 in der Arbeitslosensiedlung Heinefeld (bei Düsseldorf), dem späteren Zigeunerlager, und schuf 1933–35 den Zyklus „Die Passion", der 1936 im Verlag Kiepenheuer als Buch erschien und sofort von den Nationalsozialisten beschlagnahmt wurde. 1937 wurden 56 Werke Pankoks aus deutschen Museen als „entartet" be-

Otto Pankok (Bild 11)

schlagnahmt und später vernichtet (die „Passion" wurde versteckt). 1947–59 hatte Pankok eine Professur in Düsseldorf inne. Er starb 1966 in Wesel.

Das Bild „Gleichnis vom barmherzigen Samariter" ist (wie auch die Bilder im Eschbacher Bibelheft „Jesusreden") dem Zyklus „Die Passion" entnommen, der 60 großformatige Kohlezeichnungen zum Leben und Sterben Jesu umfaßt. Pankoks Werk ist in Band 7 der DiaBücherei Christliche Kunst „Christusbilder" S. 92 ff. ausführlich beschrieben. Eine Buchausgabe erschien mit dem Titel „Die Passion in 60 Bildern von Otto Pankok. Einführung – Die Bilder – Dokumentation" 1982 im Rudolf-Dehnen-Verlag, Düsseldorf.

**Bild 11**
Otto Pankok:
Das Gleichnis vom
barmherzigen Samariter
1933/34
(aus dem Zyklus
„Die Passion")
Kohle auf Papier
99 x 129 cm

Otto-Pankok-Museum,
Hünxe (Foto Museum)

Martin
Schmeisser,
Bild-
beschreibung

Pankok läßt die Handlung des Gleichnisses in einer düsteren, expressiv gestalteten Gebirgslandschaft geschehen. Zwischen Felsformationen führt ein schmaler Weg in den Bildhintergrund, auf dem der „Priester" davoneilt, der „Levit" aber innezuhalten scheint, um das Geschehen im Vordergrund zu beobachten. Links wartet das Reittier, in der Mitte liegt ein Tuch ausgebreitet, vor dem eine Flasche zu sehen ist. Rechts – ganz zum Betrachter hingerückt – umfaßt der Samariter den „unter die Räuber Gefallenen" und versucht ihn aufzurichten. Der Überfallene ist eine Frau, und auch der Samariter erscheint als Frau, aber nicht in der traditionellen Gestalt der demütig Dienenden, sondern eher als eine Rosa Luxemburg (1871–1919), die sich in den politischen Kampf stürzte, weil das Volk sie jammerte (vgl. Lk 10,33).

Charlotte Schmitthenner hat folgende Variation zu Lukas 10,30–37 verfaßt (veröffentlicht in: „Sammelt die Schwerter ein. Mit neuer Stimme Frieden schaffen", Verlag am Eschbach 1982):

*Als sie das Elend sah*

Charlotte Schmitthenner, zu Lukas 10,30–37

Sie
konnte nicht
vorübergehn
wie
der Priester
und
der Levit
an den Tausenden
die
unter die Räuber
gefallen waren
unter
Ausbeuter
Kriegsgewinnler
Menschenschinder
Waffenschieber
sie kam herab
von Jerusalem
und
als sie
das Elend sah
jammerte sie
des Volks

ging zu ihm
verband
seine Wunden
goß Öl
darein
und Wein
und wollte es
in die Herberge
führen
ihr Name war
Rosa Luxemburg
derhalben
sechsmal verhaftet
und ermordet
aber das Volk
das ließ sich
in drei Weltkriege
führen

**D**as letzte Bild unserer kleinen Serie zum „Barmherzigen
Samariter" hat eine Frau gemalt: Paula Modersohn-Bek-
ker. Sie wurde 1876 in Dresden geboren, erhielt in Berlin,
Worpswede und Paris ihre künstlerische Ausbildung, heira-
tete 1901 den Maler Otto Modersohn und starb – bald nach
der Geburt ihrer Tochter – 1907 in Worpswede.

Gabriele Heidecker, Malerin und Kunsthistorikerin, hat
zu dem Bild von Paula Modersohn-Becker die folgende Interpretation geschrieben (erstmals veröffentlicht in: Jörg
Zink, DiaBücherei Christliche Kunst, Bd. 21: Jesusgeschichte III: Reden und Gleichnisse, Verlag am Eschbach
1987, S. 45 ff.):

Paula Modersohn-Becker malte sehr selten mehrfigurige
Kompositionen und auch biblische Themen. Dieses Bild
und zwei etwa gleichzeitig entstandene kleinformatige Bilder mit der Anbetung der Könige sind eher Ausnahmen in
ihrem Werk. Im kirchlichen Sinne war sie nicht religiös, und
daß sie diese kleinen Bilder malte, mag jeweils einen fami-
liären Anlaß gehabt haben. Die Malerin stand 1907 kurz
vor ihrem Tod und war ihrem Ziel nahe: „Die große Ein-
fachheit der Form, das ist etwas Wunderbares ..." „... das
sanfte Vibrieren der Dinge muß ich ausdrücken lernen ..."
Es ging ihr bei aller Genauigkeit um die große Schau der
Natur, die sie in einer Art „Runenschrift" beschreiben
wollte, und ihre Bilder sollten einen „Hauch und ein Ahnen
und eine Merkwürdigkeit ... wie in der Natur ..." haben.
Sie wollte „bei intimster Beobachtung die größte Einfach-
heit". – So wird denn auch ein ganz einfaches Bild bei ihr
zum Gleichnis.

Der Samariter ist, nach modersohnscher Familientradi-
tion, ursprünglich als scherzhaft gemeintes Dokument des
Dankes an den Ehemann entstanden, der die erkrankte
Paula gepflegt hatte. Doch: Diese kleine Komposition ist
eines ihrer späten Meisterwerke, in denen das sogenannte
vordergründige Bild, das der erste Blick sieht, auf eine dahinter liegende Wahrheit verweist. Und das ist das Myste-
rium von Dasein und Leben.

Das Motiv ist
auch als Eschba-
cher Handbild 2
erschienen
(siehe S. 2)

**Bild 12**
Paula Modersohn-Becker:
Der barmherzige Samariter, um 1907
Öl auf Papier, auf Holz geleimt, 37 x 31,2 cm
Privatbesitz

Auf einem Hügel, wie auf einer Pyramide, steht ein Baum mit kugeliger Krone und festem Stamm. Im Laub sitzen große rote Äpfel. Unter diesem Baum voller Leben liegt ein nackter, bärtiger Mann. Seine Hüften sind umschlungen von einem großen feuerroten Tuch. Neben ihm hockt eine in Grün gekleidete Gestalt mit hellem Turban und berührt innig mit ihrer Wange die kahle Stirn des Mannes, dessen Kopf sie mit beiden Händen stützt. Sie verbindet sich mit dem Umriß des dunklen Hügels, und man weiß nicht recht, ob die Dunkelheit der Schatten des Baumes ist – obwohl dieser Baum ja keinen so großen Schattenkegel werfen kann – oder ob das braune Dreieck einfach der Akkerboden ist. Eine Art Mantelsack in tiefem Violett liegt rechts, dort wo eine große Sonnenblume über den Hügelrand ragt, der auf der linken Seite ein Busch entspricht. Ein kleiner, dunkler Esel – oder ist es ein Pferdchen? – mit rotem Sattel und Zügeln wartet hinter dem Stamm des Baumes. Beschützt von dessen Krone, schützt er wiederum das Paar vor den Blicken von der Straße her, die dahinter im Sonnenlicht vorbeizieht.

Diese helle Straße kommt wie ein Fluß zwischen grünen Ufern von links nach rechts das Land herunter, entlang an

Gabriele
Heidecker,
Bildinter-
pretation

29

einer langen Mauer, und mündet in den geschlossenen Eingang eines Torhauses ein. Dahinter liegt das breite Dach eines Gutshauses, und ein üppiger Obstgarten mit kugeligen, goldenen Baumkronen schaut über die Mauer. Ein blauer Sonnenhimmel mit weißen Wolken lagert ruhig über den etwas bewegt ihres Weges gehenden beiden Gestalten, mit denen wohl der Priester und der Levit des Gleichnisses Jesu gemeint sind. Durch sie gerät die Landschaft in Bewegung, denn sie laufen der Neigung des Weges entgegen. – Die Zeit fließt, im Vordergrund des Bildes aber steht sie, d. h. hier vorne ist der Ort des Wesentlichen.

„Eine Minute der Welt geht vorbei – male sie in ihrer Realität", dieser Satz von Cézanne trifft den Geist des Spätwerks der Modersohn-Becker und dieses kleinen Bildes. Hier ist ein Mensch stehengeblieben und neigt sich in Liebe einem anderen Menschen zu. Eine Blume, eine Sonnenblume, blüht hier im Schatten. Das Reittier wartet, doch steht es in Richtung des Torhauses.

Unter einem Baum, der sowohl der Lebensbaum des Paradieses als auch der Apfelbaum der Erkenntnis sein könnte, also der Baum, unter dem die Menschen der Versuchung erlagen, erkennen zu wollen, was gut und was böse ist, unter dem sie der Versuchung erlagen, sein zu wollen wie Gott, sind diese beiden Menschen beieinander wie eine Frau und ein Mann. Ihren beiden Köpfen scheint der dunkelbraune Baumstamm zu entspringen, während ihre Körper dem dunklen Erdreich mit dem Grün und Rot ihrer Hüllen und der Farbe ihres Fleisches die Fülle geben. Darüber die Geburt eines Baumes, der Früchte bringt und mit seinen warmen Farben über die weiße Wolkenbank hinaus in den blauen Himmel reicht: Welch ein Sinnbild für ein Malerehepaar! Und die Himmelsfarbe als Partner der Farbe des Fleisches!

Die Szene unter dem Baum erinnert an eine ganz andere: an Maria mit dem toten Jesus am Fuß des Kreuzes auf dem Hügel Golgatha. Felsen und Erde, das blutrote Lendentuch und das weiße Leichentuch, das wir jetzt nicht sehen.

Grün das Gewand der Mutter, die in die Lebensfarbe der fruchtbaren Erde gehüllt ist und ihren Sohn, das Leben, an die braune Erde, das Grab, zurückgeben muß. Paula Modersohn-Becker hat ganz offenbar, indem sie das Gleichnis des Samariters malt, die Rollen vertauscht: Sie ist die Gestalt, die dem am Boden liegenden Ehemann Otto Modersohn beisteht und ihn unter den Lebensbaum rückt. Sie schaut ihn an und gibt ihm zu trinken. Seine Augen aber sind geschlossen, er sieht nicht.

Es war tatsächlich so, daß Paula ihrem früheren Lehrer und dann Ehemann zunehmend von ihren künstlerischen Früchten gab, daß sie in ihrer Kunst weiter kommen konnte als er. Er litt an ihrer Unbedingtheit, an ihrem künstlerischen und menschlichen Freiheitsdrang, der sie immer wieder weg aus Worpswede nach Paris führte zu ihren geistigen Vätern Gauguin und Cézanne, er bewunderte sie und litt gleichzeitig an ihrer Unkonventionalität. Doch 1906 kehrte sie zu dem „kranken Mann" zurück und wurde Mutter. Sie starb kurz nach der Geburt ihrer beider Tochter im November 1907. Nun vertauschten sich die Rollen abermals: Die kranke Paula, oberflächlicher Anlaß für das Bild, ist die Person, die „unter dem Baum" liegt und stirbt.

Aber ihr Werk und das gemeinsame Kind leben. Sie hat einmal in ihr Tagebuch in Paris geschrieben, der Mensch sollte leben, wie es sein Gewissen für recht hält, aber sie meinte auch: „Falsche Nächstenliebe lenkt ab vom großen Ziel." Harte Worte – so scheint es, und doch malt sie dieses Sinnbild der Nächstenliebe.

Der Priester und der Levit, die in der Mittagshitze des Weges ziehen, sind überzeugt, daß in diesem Fall eine falsche Nächstenliebe gefordert sei. Jeder von ihnen hat ein anderes großes Ziel vor Augen: der eine den Dienst im Tempel, an allen Gläubigen, die Bewahrung des Gesetzes, der Tradition, des Bodens; der andere den Dienst an der tatsächlichen Reform der politischen und sozialen Mißstände, eventuell den Umsturz, die totale Veränderung der Verhältnisse. Und dazwischen ist der, der dem einzelnen Leben Aufmerksamkeit schenkt und über der großen Idee denjenigen nicht vergißt, dem sie dienen soll: dem Menschen. In diesem Spannungsfeld steht der, der Christus folgt.

Diese Samaritergestalt im Vordergrund (ein Samariter ist ein nicht „Rechtgläubiger" im jüdischen Sinne, ein Außenstehender) verbindet sich mit dem Geschlagenen zu einem gemeinsamen Werk, zu gegenseitigem Geben und Nehmen. Der Baum ragt in den Himmel. Die Sonnenblume blüht über dem dunklen Hügel nahe dem Eingang zum Garten. Dorthin wird der geheilte Mann reiten. Der Samariter aber, über dessen Kopf die Äpfel leuchten, wird seinen Weg fortsetzen. Die Liebe heilt, die Liebe zeigt den richtigen Weg, die Liebe ist stark wie der Tod. Über dem Totenhügel der dunklen Pyramide wächst die runde Welt des Baumes.

So wie der Lehrer Otto Modersohn der jungen Paula den Boden zu ihrer Kunst gegeben hat, krönt sie nun seine Arbeit mit ihrem Werk. Das große Ziel ist erreicht. Ihr Baum ist reif, und im Schatten dieses Baumes neigt sie sich nun ihrem Mann und früheren Lehrer zu. Das Runde, das Volle des Lebens, das wollte Paula malen. In diesem Bild, das wie ein Glasfenster aussieht, fand sie die Zeichen für die beiden großen Geheimnisse, die sie nicht verstand und die ihre Religion waren: Geburt und Tod.

**Literaturhinweise zum Barmherzigen Samariter sowie zu den Reden und Gleichnissen Jesu**

Georg Baudler, Jesus im Spiegel seiner Gleichnisse. Das erzählerische Lebenswerk Jesu – ein Zugang zum Glauben, Stuttgart/ München 1986, S. 321ff.

Sigrid und Horst Klaus Berg (Hrsg.), Wer den Nächsten sieht, sieht Gott. Das Grundgebot der Liebe (Biblische Texte verfremdet Band 3), München/Stuttgart 1986, S. 80ff.

Walter Dirks, Die Samariter und der Mann aus Samaria. Vom Umgang mit der Barmherzigkeit, Freiburg i. Br. 1985.

Walter Jens (Hrsg.), Der barmherzige Samariter, Stuttgart 1973 (Exegesen, Meditationen, Traktate, Anklageschriften und Pamphlete von Schriftstellern und Theologen).

Anton Steiner/Volker Weymann (Hrsg.), Gleichnisse Jesu (Bibelarbeit in der Gemeinde – Themen und Materialien), Zürich-Köln/Basel 1979, S. 129ff.

Reichhaltiges Bildmaterial zu den Reden und Gleichnissen Jesu und ausführliche Auslegungen finden Sie in der von Jörg Zink herausgegebenen DiaBücherei Christliche Kunst, besonders in Band 21: Jesusgeschichte III: Reden und Gleichnisse (aber auch in den Bänden 2, 3, 5 und 7).